AF216351

Impressum
Verlag: BABADADA GmbH, Nedderfeld 112 , 22529 Hamburg
Geschäftsführer / Verlagsleitung: Harald Hof
Druck: Books on Demand GmbH, In de Tarpen 42, 22848 Norderstedt

Imprint
Publisher: BABADADA GmbH, Nedderfeld 112 , 22529 Hamburg, Germany
Managing Director / Publishing direction: Harald Hof
Print: Books on Demand GmbH, In de Tarpen 42, 22848 Norderstedt

école

skool

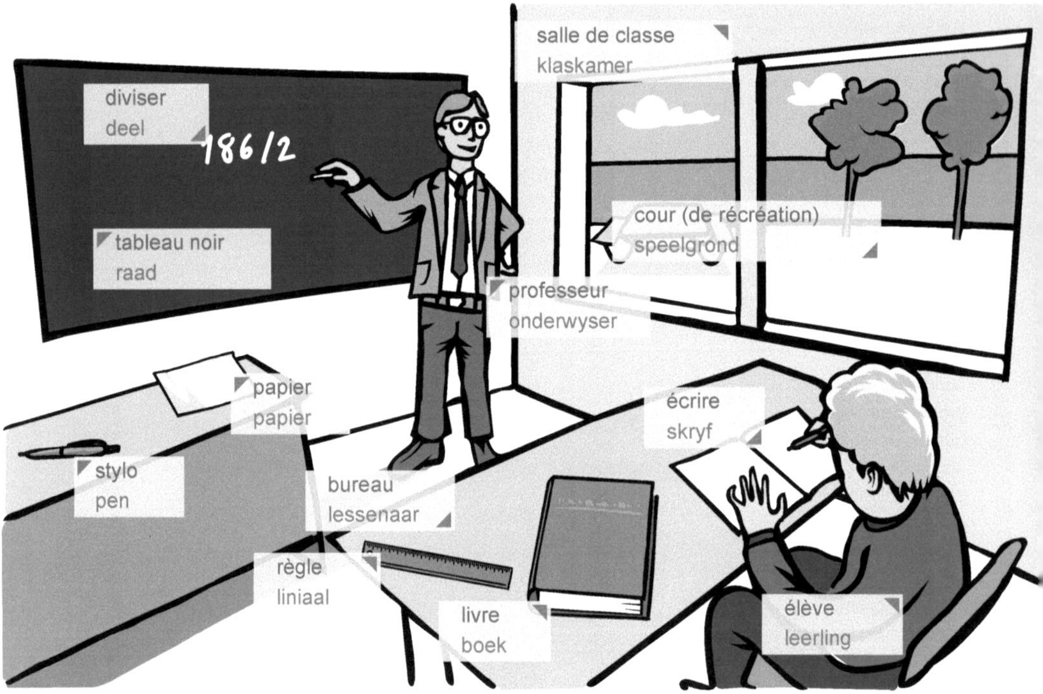

salle de classe
klaskamer
diviser
deel
186/2
tableau noir
raad
cour (de récréation)
speelgrond
professeur
onderwyser
papier
papier
écrire
skryf
stylo
pen
bureau
lessenaar
règle
liniaal
livre
boek
élève
leerling

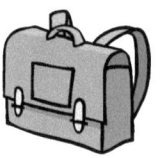

cartable
skooltas

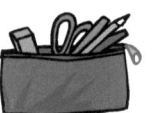

trousse
potloodhouer

crayon
potlood

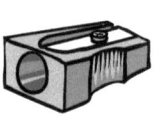

taille-crayon
skerpmaker

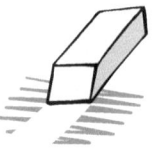

gomme
rubber

carnet à dessin
tekenblok

dessin

tekening

pinceau

verfkwas

boîte de peinture

verfoppervlak

ciseaux

skêr

colle

gom

cahier d'exercices

oefenboek

devoirs

huiswerk

chiffre

aantal

additionner

optel

soustraire

aftrek

multiplier

maal

calculer

bereken

lettre

brief

alphabet

alaphabet

mot

woord

texte

teks

lire

lees

craie

kryt

leçon

les

livre de classe

registreer

examen

eksamen

certificat

sertifikaat

uniforme scolaire

skooluniform

formation

onderwys

lexique

ensiklopedie

université

universiteit

microscope

mikroskoop

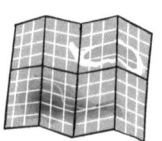

carte

kaart

corbeille à papier

vullisdrom

voyage
reis

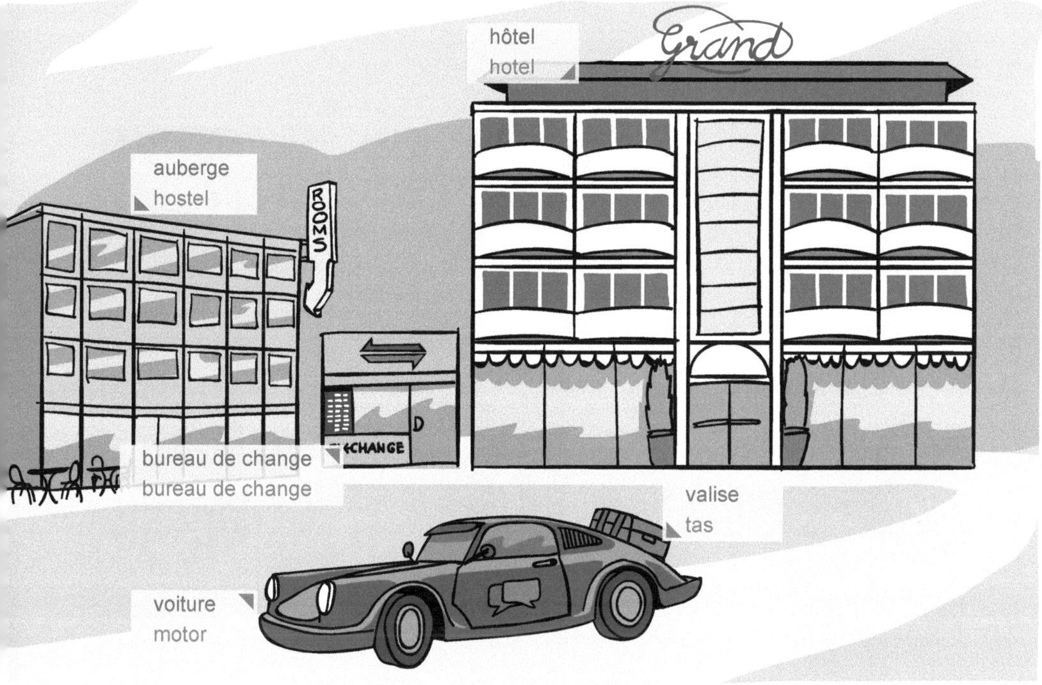
Grand
hôtel
hotel
auberge
hostel
ROOMS
bureau de change
bureau de change
valise
tas
voiture
motor

langue
taal

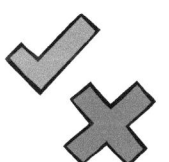

oui / non
ja / nee

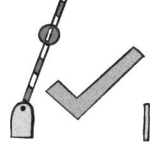

d'accord
Goed

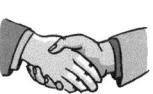

Salut
hallo

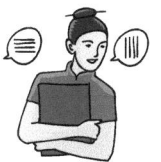

interprète
vertaler

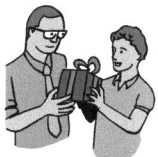

merci
Dankie

Combien coûte...?

hoeveel is...?

Je ne comprends pas

Ek verstaan nie

problème

probleem

Bonsoir !

Goeie naand!

Bonjour !

Goeie môre!

Bonne nuit !

Goeie nag!

Au revoir

totsiens

direction

rigting

bagages

bagasie

sac

sak

sac-à-dos

rugsak

hôte

gas

pièce

kamer

sac de couchage

slaapsak

tente

tent

office de tourisme

toeriste-inligting

plage

strand

carte de crédit

kredietkaart

petit-déjeuner

ontbyt

déjeuner

middagete

dîner

aandete

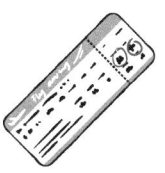

billet

kaartjie

ascenseur

hysbak

timbre

posseël

frontière

grens

douane

doeane

ambassade

ambassade

visa

visum

passeport

paspoort

transport
vervoer

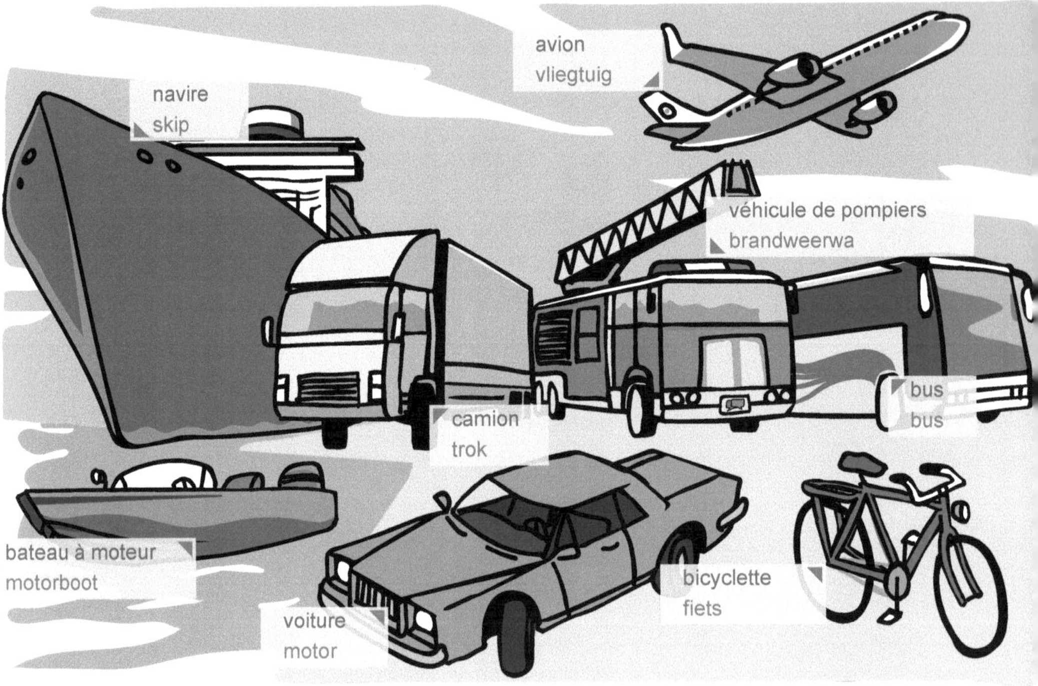
avion
vliegtuig
navire
skip
véhicule de pompiers
brandweerwa
camion
trok
bus
bus
bateau à moteur
motorboot
bicyclette
fiets
voiture
motor

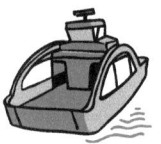

ferry

veerboot

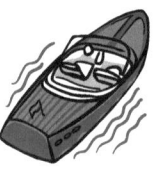

barque

boot

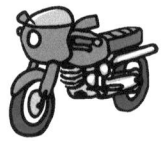

moto

motorfiets

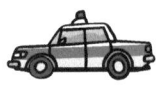

voiture de police

polisiemotor

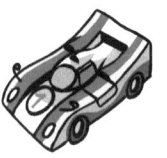

voiture de course

renmotor

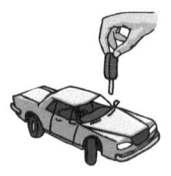

voiture de location

huurmotor

auto-partage

car-sharing

voiture de remorquage

insleepvoertuig

benne à ordures

vullisverwydering

moteur

enjin

essence

brandstof

station d'essence

vulstasie

panneau indicateur

verkeersteken

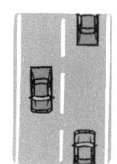

trafic

verkeer

embouteillage

verkeersknoop

parking

parkeerplek

gare

stasie

rails

spore

train

trein

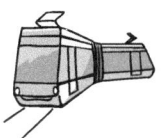

tramway

tram

wagon

wa

hélicoptère
helikopter

aéroport
lughawe

tour
toring

passager
passasier

conteneur
houer

carton
karton

chariot
karretjie

corbeille
mandjie

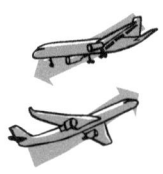

décoller / atterrir
opstyg / land

ville

stad

village
dorpie

centre-ville
middestad

maison
huis

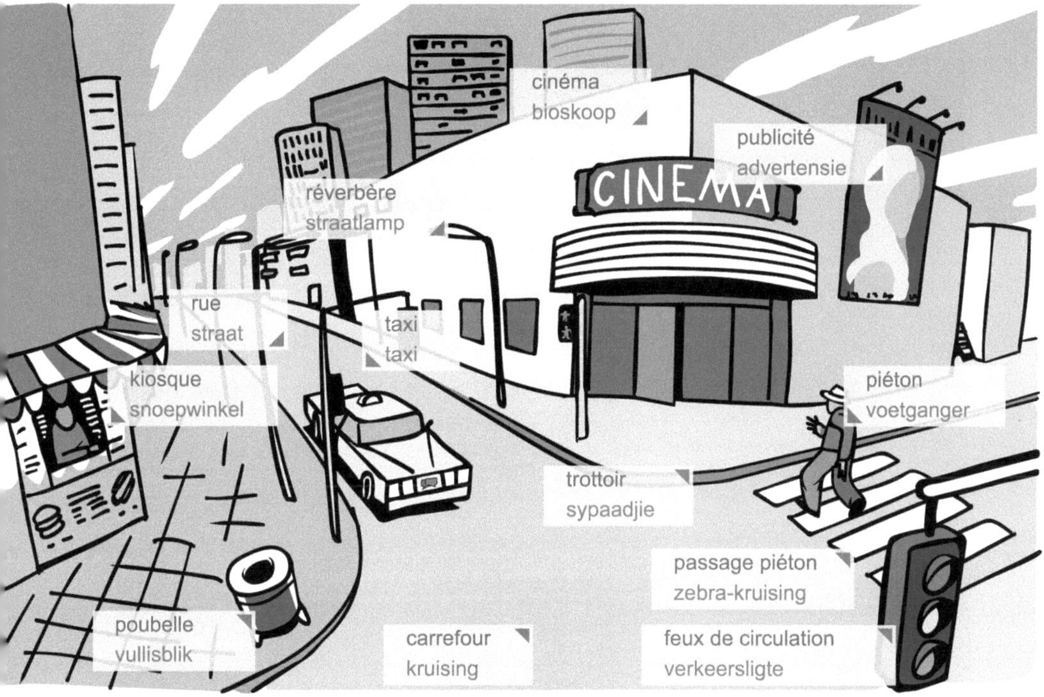

cinéma
bloskoop

publicité
advertensie

réverbère
straatlamp

rue
straat

taxi
taxi

CINEMA

piéton
voetganger

kiosque
snoepwinkel

trottoir
sypaadjie

passage piéton
zebra-kruising

poubelle
vullisblik

carrefour
kruising

feux de circulation
verkeersligte

cabane
hut

appartement
woonstel

gare
stasie

mairie
stadsaal

musée
museum

école
skool

université
universiteit

banque
bank

hôpital
hospitaal

hôtel
hotel

pharmacie
apteek

bureau
kantoor

librairie
boekwinkel

magasin
winkel

fleuriste
bloemis

supermarché
supermark

marché
mark

grand magasin
handelshuis

poissonnerie
viswinkel

centre commercial
inkopiesentrum

port
hawe

parc
park

banque
bankie

pont
brug

escaliers
trappe

métro
moltrein

tunnel
tonnel

arrêt de bus
bushalte

bar
kroeg

restaurant
restaurant

boîte à lettres
posbus

panneau indicateur
straatnaambord

parcmètre
parkeermeter

zoo
dieretuin

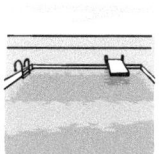

piscine
swembad

mosquée
moskee

ferme

plaas

pollution

besoedeling

cimetière

begraafplaas

église

kerk

aire de jeux

speelgrond

temple

tempel

paysage
landskap

feuille
blaar

panneau indicateur
padwyser

chemin
pad

pré
weiland

pierre
klip

randonneur
voetslaner

arbre
boom

rivière
rivier

herbe
gras

fleur
blom

vallée

vallei

montagne

heuwel

lac

meer

forêt

bos

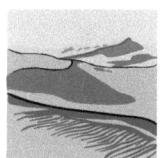

désert

woestyn

volcan

vulkaan

château

kasteel

arc-en-ciel

reënboog

champignon

sampioen

palmier

palmboom

moustique

muskiet

mouche

vlieg

fourmis

mier

abeille

by

araignée

spinnekop

paysage - landskap

coléoptère

miskruier

grenouille

padda

écureuil

eekhoring

hérisson

krimpvarkie

lièvre

haas

chouette

uil

oiseau

voël

cygne

swaan

sanglier

wildevark

cerf

takbok

élan

elk

barrage

opgaardam

éolienne

windturbine

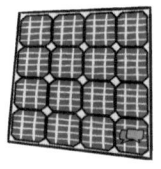

panneau solaire

sonpaneel

climat

klimaat

restaurant
restaurant

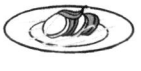

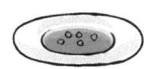

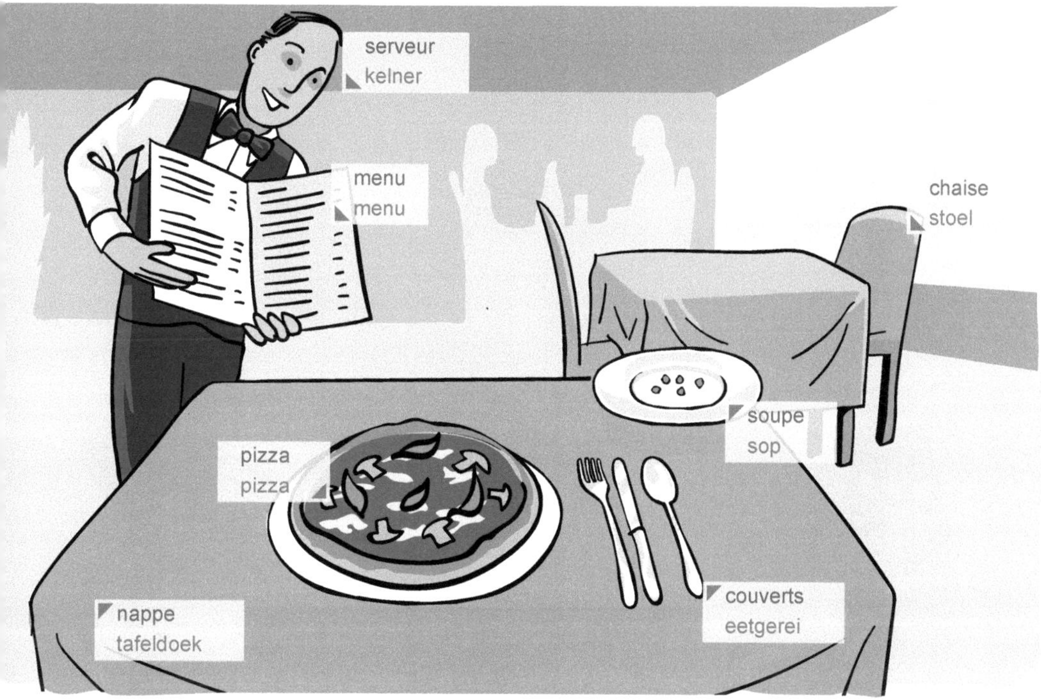
serveur
kelner
menu
menu
chaise
stoel
soupe
sop
pizza
pizza
nappe
tafeldoek
couverts
eetgerei

hors d'œuvre

voorgereg

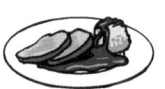

plat principal

hoofgereg

dessert

nagereg

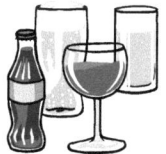

boissons

drankies

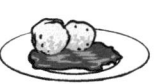

alimentation

kos

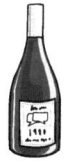

bouteille

bottel

fast-food

kitskos

plats à emporter

straatkos

théière

teepot

sucrier

suikerverpakking

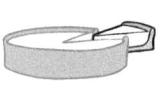

portion

porsie

machine à expresso

espresso masjien

chaise haute

hoë stoel

facture

rekening

plateau

skinkbord

couteau

mes

fourchette

vurk

cuillère

lepel

cuillère à thé

teelepel

serviette

servet

verre

glas

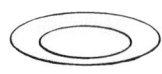

assiette
gereg

assiette à soupe
sopbakkie

soucoupe
piering

sauce
sous

salière
soutpot

moulin à poivre
pepermeul

vinaigre
asyn

huile
olie

épices
speserye

ketchup
tamatiesous

moutarde
mosterd

mayonnaise
mayonaise

supermarché

supermark

offre promotionnelle
spesiale aanbieding
FOR
client
kliënt
produits laitiers
suiwelprodukte
fruits
vrugte
chariot
trollie

BUTCHERS

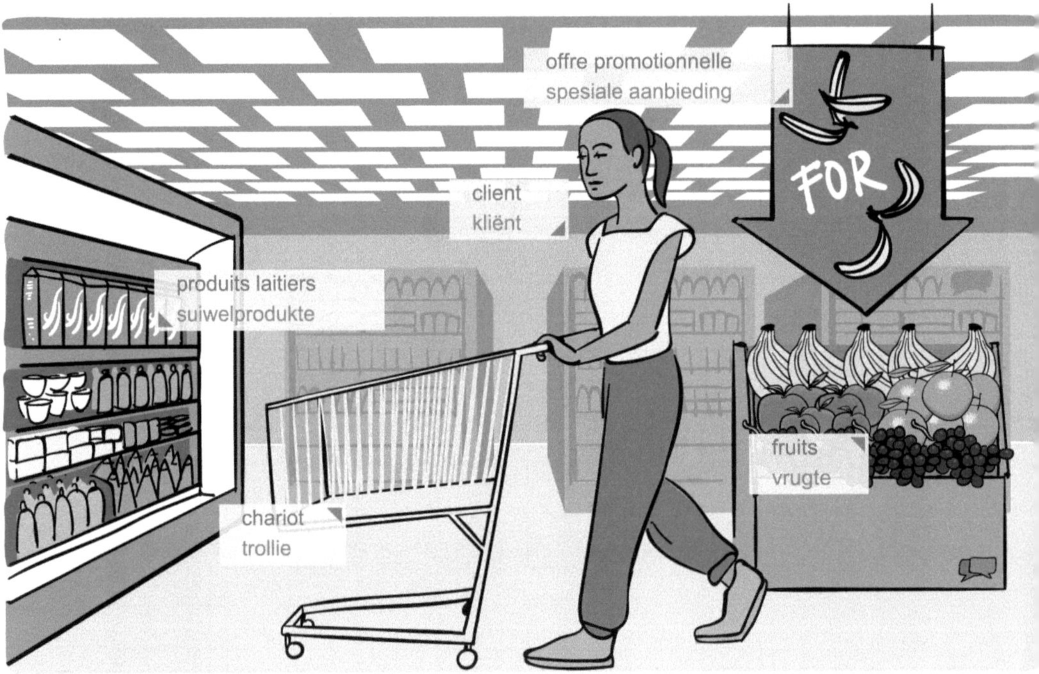

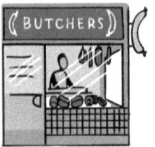

boucherie

slaghuis

BAKERY

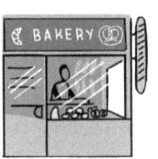

boulangerie

bakkery

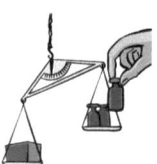

peser

weeg

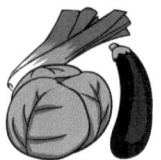

légumes

groente

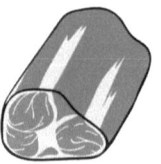

viande

vleis

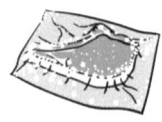

aliments surgelés

bevrore voedsel

charcuterie

kouevleis

conserves

blikkieskos

poudre à lessive

waspoeier

bonbons

lekkers

articles ménagers

huishoudelike produkte

détergents

skoonmaakprodukte

vendeuse

verkoopsvrou

caisse

kasregister

caissier

kassier

liste d'achats

inkopielys

heures d'ouverture

besigheidsure

portefeuille

beursie

carte de crédit

kredietkaart

sac

sak

sac en plastique

plastieksak

eau

water

jus de fruit

sap

lait

melk

coca

coke

vin

wyn

bière

bier

alcool

alkohol

chocolat chaud

kakao

thé

tee

café

koffie

expresso

espresso

cappuccino

cappuccino

banane

piesang

pomme

appel

orange

lemoen

melon

waatlemoen

citron

suurlemoen

carotte

wortel

ail

knoffel

bambou

bamboes

oignon

ui

champignon

sampioen

noisettes

neute

pâtes

noedels

spaghetti

spaghetti

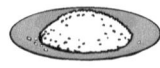

riz

rys

salade

slaai

pommes frites

aartappelskyfies

pommes de terre rôties

gebraaide aartappels

pizza

pizza

hamburger

hamburger

sandwich

toebroodjie

escalope

kotelet

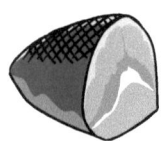

jambon

ham

salami

salami

saucisse

wors

poulet

hoender

rôti

braaivleis

poisson

vis

flocons d'avoine
hawermoutflokkies

muesli
muesli

cornflakes
graanvlokkies

farine
meel

croissant
croissant

petits-pains
broodrolletjie

pain
brood

pain grillé
roosterbrood

biscuits
koekies

beurre
botter

le fromage blanc
dikmelk

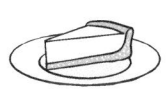

gâteau
koek

œuf
eier

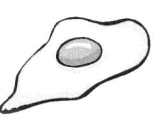

œuf au plat
gebraaide eier

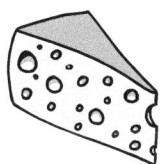

fromage
kaas

glace

roomys

sucre

suiker

miel

heuning

confiture

konfyt

crème nougat

nougat-smeer

curry

kerrie

ferme
plaas

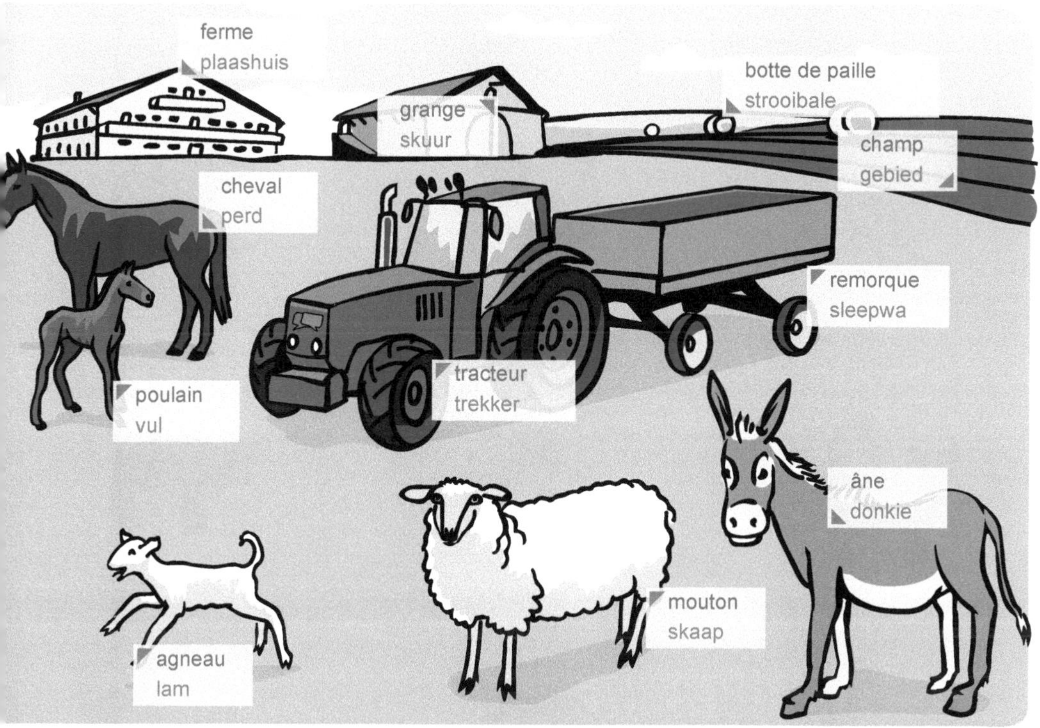
ferme
plaashuis
grange
skuur
botte de paille
strooibale
champ
gebied
cheval
perd
remorque
sleepwa
tracteur
trekker
poulain
vul
âne
donkie
mouton
skaap
agneau
lam

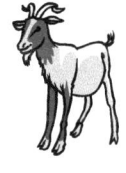

chèvre
bok

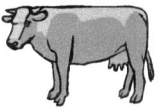

vache
koei

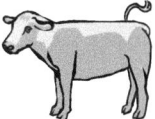

veau
kalf

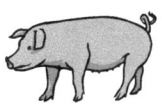

porc
vark

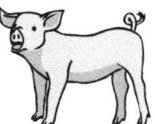

porcelet
varkie

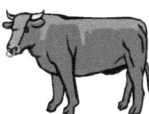

taureau
bul

oie

gans

canard

eend

poussin

kuiken

poule

hen

coq

haan

rat

rot

chat

kat

souris

muis

bœuf

os

chien

hond

chenil

hondehok

tuyau de jardin

tuinslang

arrosoir

gieter

faucheuse

sens

charrue

ploeg

faucille
sekel

pioche
skoffel

fourche
gaffel

hache
byl

brouette
kruiwa

cuve
trog

pot à lait
melkkan

sac
sak

clôture
heining

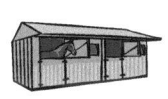

étable
stal

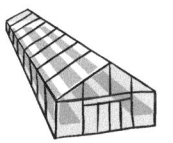

serre
kweekhuis

sol
grond

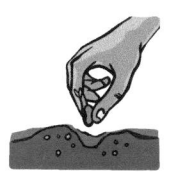

semences
saad

engrais
kunsmis

moissonneuse-batteuse
stroper

récolter

oes

récolte

oes

igname

yam

blé

koring

soja

soja

pomme de terre

aartappel

maïs

koring

colza

raapsaad

arbre fruitier

vrugteboom

manioc

broodwortel

céréales

graan

ferme - plaas

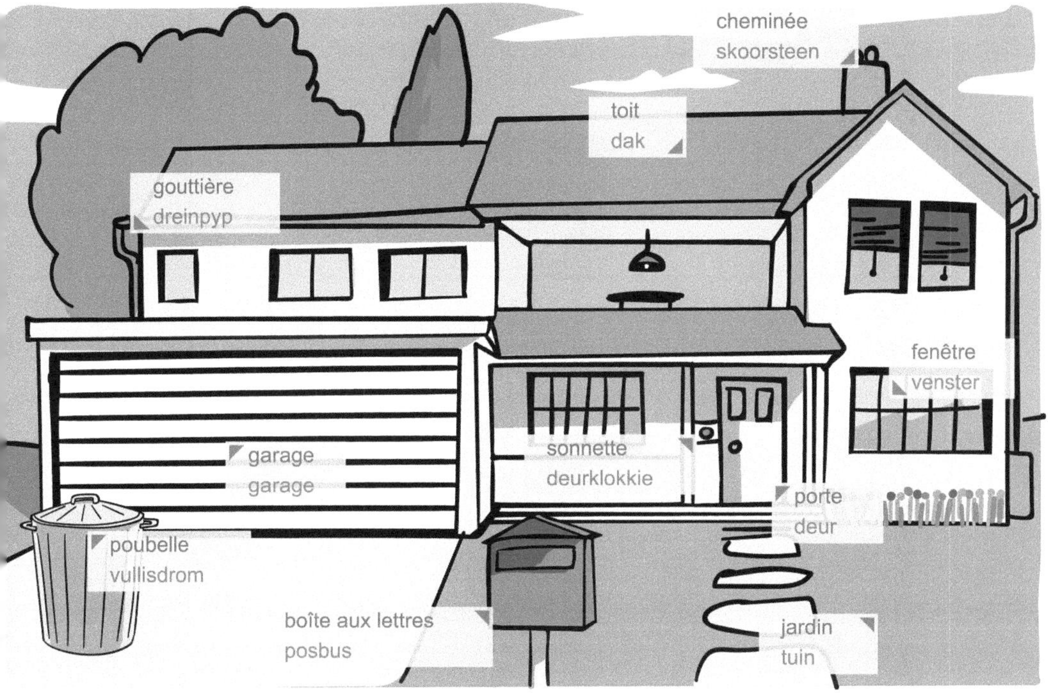

cheminée
skoorsteen

toit
dak

gouttière
dreinpyp

fenêtre
venster

garage
garage

sonnette
deurklokkie

porte
deur

poubelle
vullisdrom

boîte aux lettres
posbus

jardin
tuin

salon

woonkamer

salle de bain

badkamer

cuisine

kombuis

chambre à coucher

slaapkamer

chambre d'enfant

kinderkamer

salle à manger

eetkamer

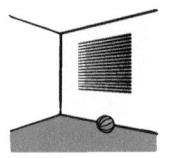

sol
vloer

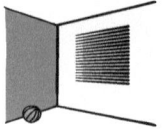

mur
muur

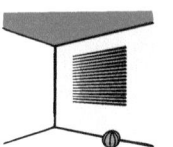

plafond
plafon

cave
kelder

sauna
sauna

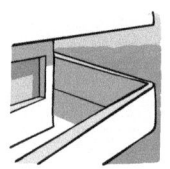

balcon
balkon

terrasse
terras

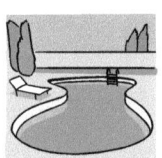

piscine
swembad

tondeuse à gazon
grassnyer

housse
beddegoedoortreksel

couette
deken

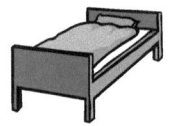

lit
bed

balai
besem

sceau
emmer

interrupteur
skakelaar

salon
woonkamer

papier peint
muurpapier
image
prentjie
lampe
lamp
étagère
rak
armoire
kas
télé
televisie
cheminée
kaggel
fleur
blom
coussin
kussing
sofa
rusbank
vase
vaas
télécommande
afstandbeheer

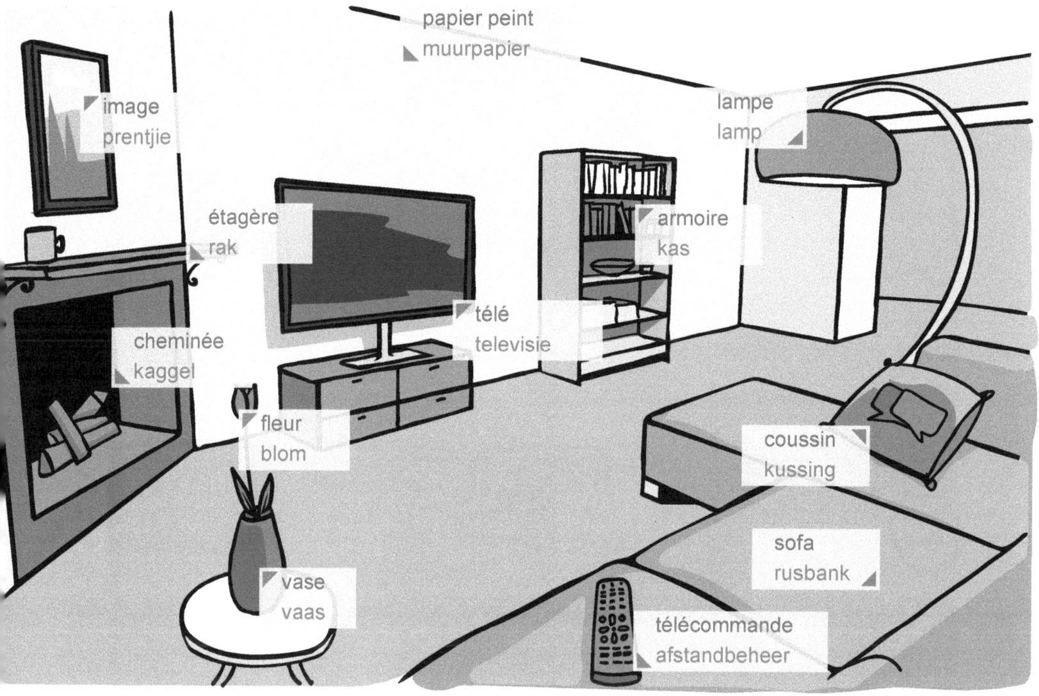

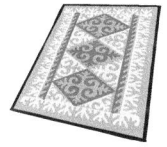

tapis
mat

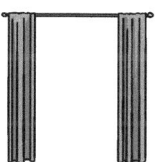

rideau
gordyn

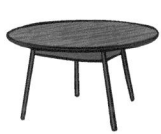

table
tafel

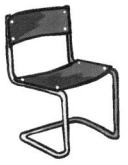

chaise
stoel

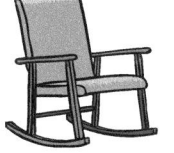

chaise à bascule
wiegstoel

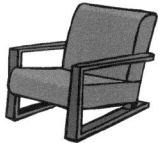

fauteuil
leunstoel

livre

boek

couverture

kombers

décoration

versiering

bois de chauffage

vuurmaakhout

film

film

chaîne hi-fi

hoëtroustel

clé

sleutel

journal

koerant

peinture

skildery

poster

plakkaat

radio

radio

bloc-notes

notaboekie

aspirateur

stofsuier

cactus

kaktus

bougie

kers

cuisine
kombuis

réfrigérateur
yskas
four à micro-ondes
mikrogolfoond
balance de cuisine
kombuis skaal
grille-pain
broodrooster
détergent
skoonmaakmiddel
four
oond
compartiment congélateur
vrieshokkie
poubelle
vullisdrom
lave-vaisselle
skottelgoedwasser

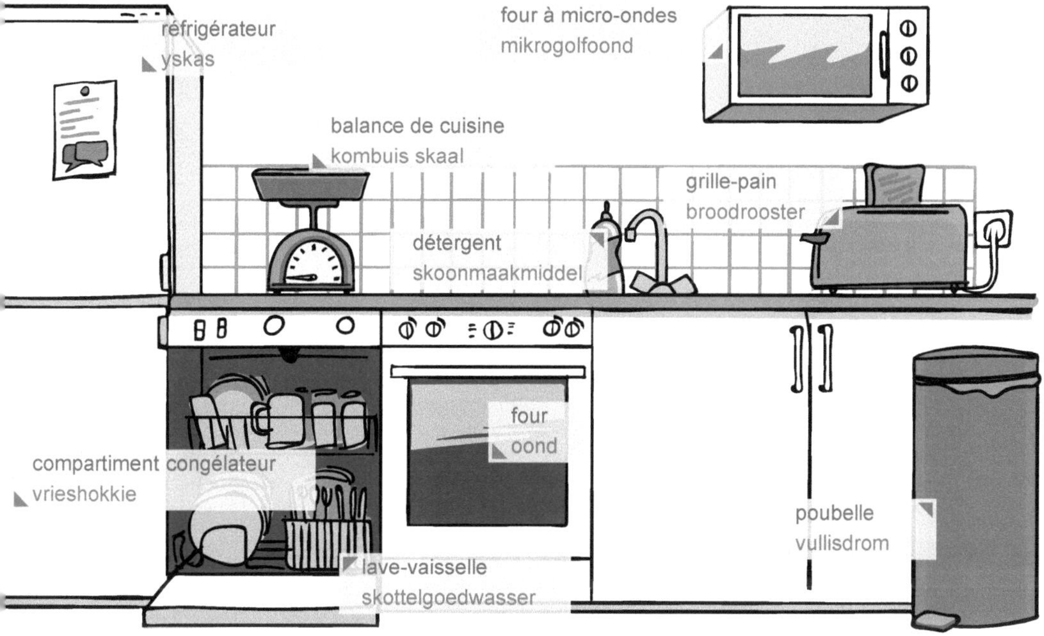

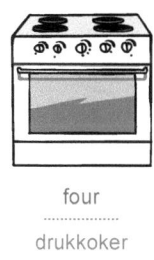

four
drukkoker

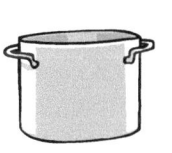

casserole
pot

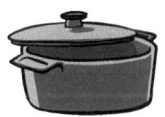

marmite
ysterpot

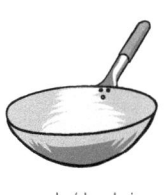

wok / kadai
wok / kadai

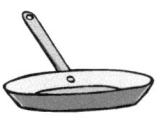

poêle
pan

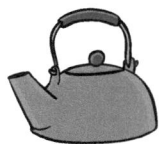

bouilloire electrique
ketel

cuiseur vapeur

stoomkoker

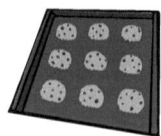

plaque de cuisson

bakplaat

vaisselle

breekware

gobelet

beker

coupe

bak

baguettes

eetstokkie

louche

skeplepel

spatule

spatel

fouet

klitser

passoire

sif

tamis

sif

râpe

rasper

mortier

vysel

barbecue

braai

cheminée

oop vuur

planche à découper

broodplank

rouleau à pâtisserie

koekroller

tire-bouchon

kurktrekker

boîte

kan

ouvre-boîte

blikoopmaker

maniques

vatlap

lavabo

opwasbak

brosse

borsel

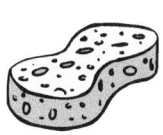

éponge

spons

mixeur

menger

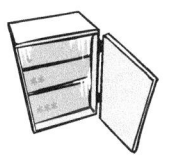

congélateur

vrieskas

biberon

bababottel

robinet

kraan

salle de bain

badkamer

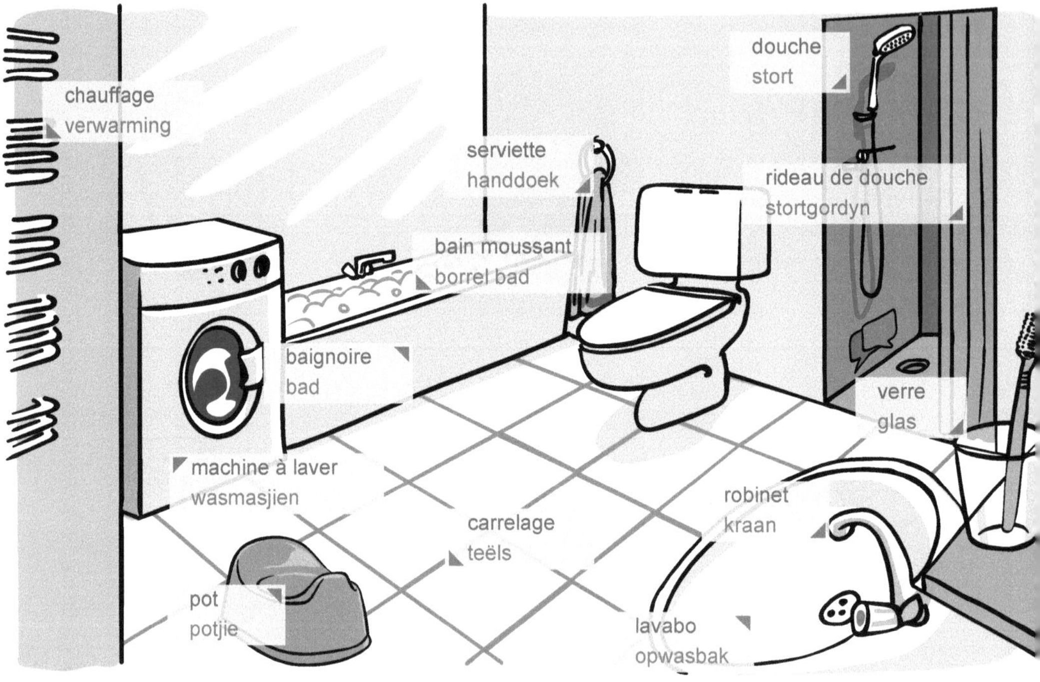

chauffage
verwarming
douche
stort
serviette
handdoek
rideau de douche
stortgordyn
bain moussant
borrel bad
baignoire
bad
verre
glas
machine à laver
wasmasjien
robinet
kraan
carrelage
teëls
pot
potjie
lavabo
opwasbak

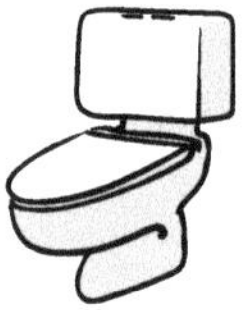

toilettes

toilet

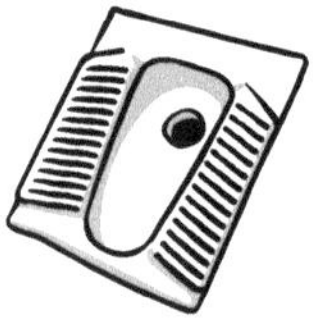

toilette à la turque

hurktoilet

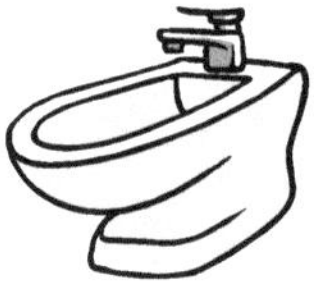

bidet

bidet

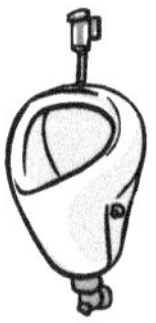

urinoir

urinaal

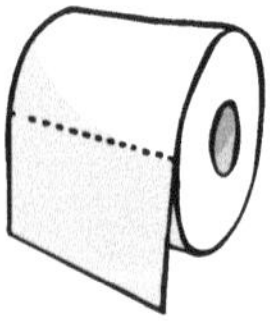

papier toilette

toiletpapier

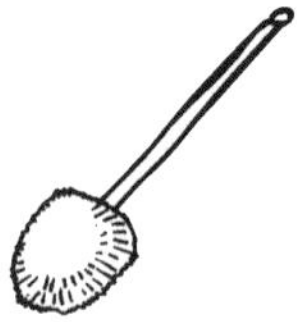

brosse à toilette

toiletborsel

brosse à dents

tandeborsel

dentifrice

tandepasta

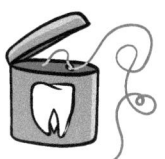

fil dentaire

tande vlos

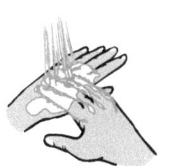

laver

was

douche manuelle

handstort

douche intime

stort

vasque

wasbak

brosse dorsale

rugkantborsel

savon

seep

gel douche

stortgel

shampooing

sjampoe

gant de toilette

flanel

écoulement

drein

crème

room

déodorant

reukweerder

miroir
....
spieël

miroir cosmétique
....
spieëltjie

rasoir
....
skeermes

mousse à raser
....
skeerroom

après-rasage
....
naskeermiddel

peigne
....
kam

brosse
....
borsel

sèche-cheveux
....
haardroër

laque pour cheveux
....
haarsproei

fond de teint
....
grimmering

rouge à lèvres
....
lipstifie

vernis à ongles
....
naellak

ouate
....
watte

coupe-ongles
....
naelknipper

parfum
....
parfuum

trousse de toilette
toiletsakkie

tabouret
stoel

pèse-personne
skaal

peignoir
badjas

gants de nettoyage
rubberhandskoene

tampon
tampon

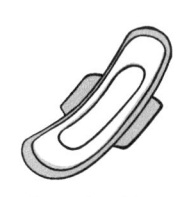

serviettes hygiéniques
sanitêre handdoek

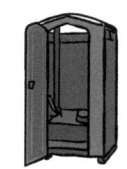

toilette chimique
chemiese toilet

chambre d'enfant
kinderkamer

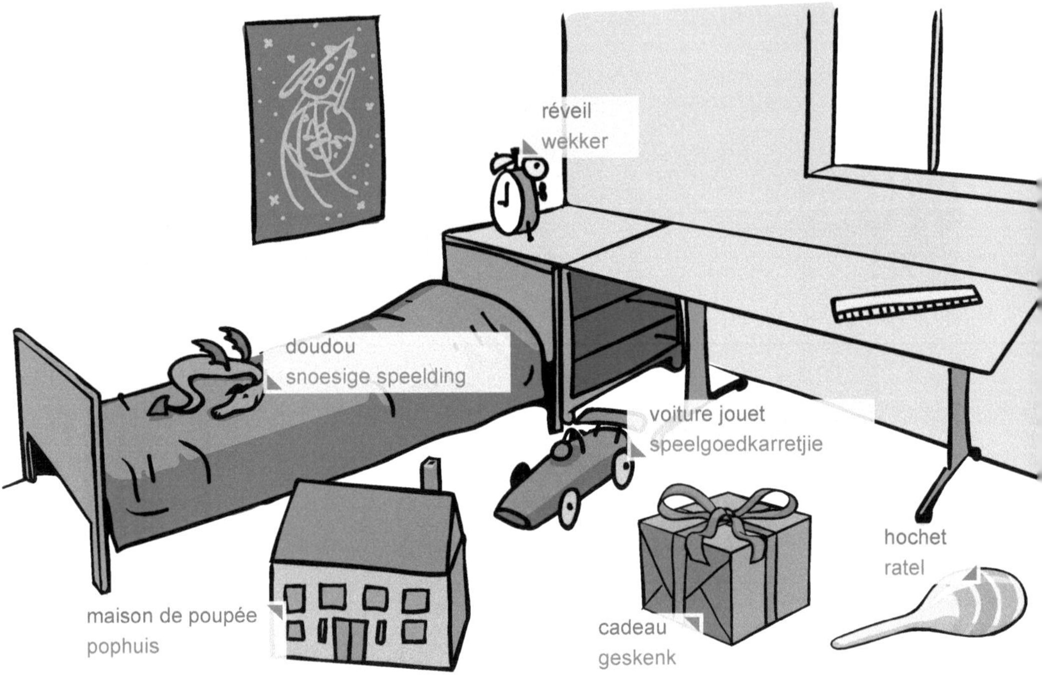
réveil
wekker
doudou
snoesige speelding
voiture jouet
speelgoedkarretjie
hochet
ratel
maison de poupée
pophuis
cadeau
geskenk

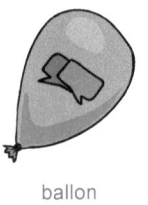

ballon

ballon

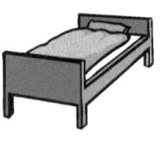

lit

bed

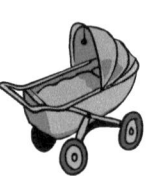

poussette

stootwaentjie

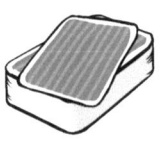

jeu de cartes

kaartespel

puzzle

legkaart

SUPER
MEGA

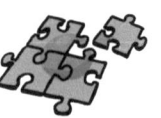

bande dessinée

tekenprent

pièces lego

lego-blokkies

blocs de construction

speelgoedblokke

figurine

animasieheld

grenouillère

groeipakkie

frisbee

frisbee

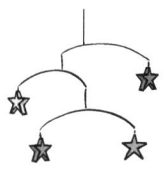

mobile

mobile

jeu de société

bordspeletjie

dé

dobbelsteen

train miniature

model trein stel

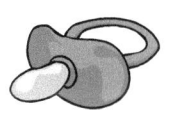

sucette

fopspeen

fête

partytjie

livre d'images

prenteboek

balle

bal

poupée

pop

jouer

speel

bac à sable

sandput

balançoire

swaai

jouets

speelgoed

console de jeu

videospeletjie-konsole

tricycle

driewiel

ours en peluche

teddiebeer

armoire

klerekas

vêtements

klere

chaussettes

sokkies

bas

kouse

collant

broekiekouse

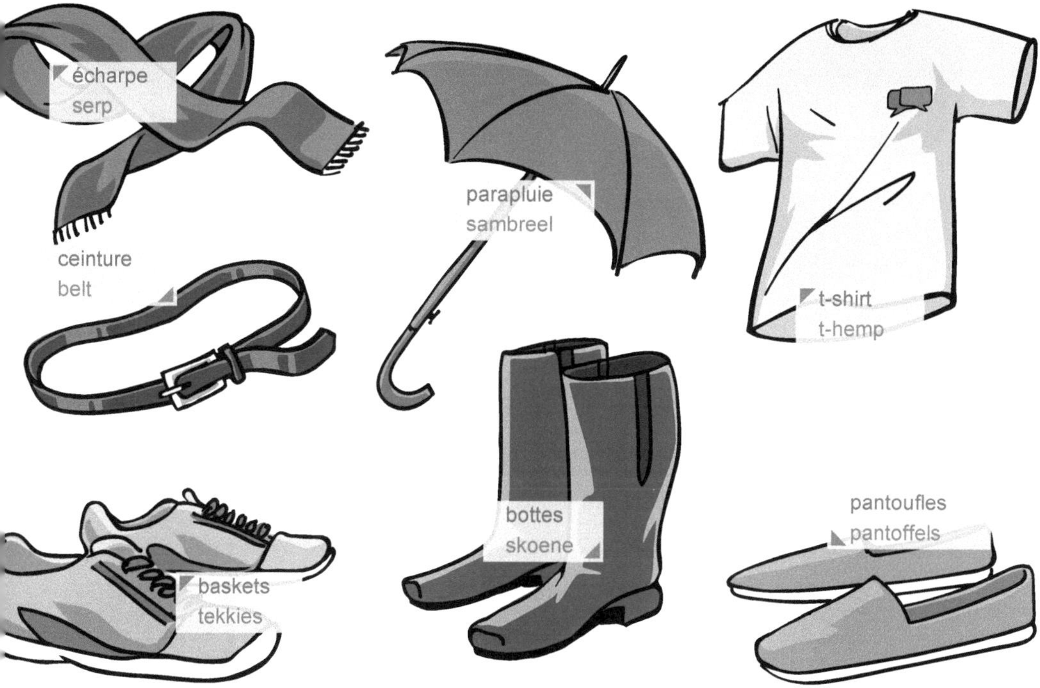

écharpe
serp

parapluie
sambreel

t-shirt
t-hemp

ceinture
belt

bottes
skoene

pantoufles
pantoffels

baskets
tekkies

sandales
....
sandale

chaussures
....
skoene

bottes de caoutchouc
....
rubber stewels

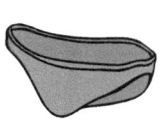

sous-vêtements
....
onderbroek

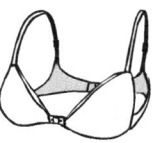

soutien-gorge
....
bra

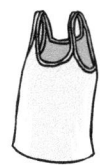

maillot de corps
....
onderbaadjie

body

liggaam

pantalon

broek

jean

jeans

jupe

romp

chemisier

bloes

chemise

hemp

pull

oortrektrui

sweat à capuche

oortrektrui

veste

baadjie

veste

baadjie

manteau

jas

imperméable

reënjas

costume

kostuum

robe

rok

robe de mariée

trourok

costume

pak

chemise de nuit

nagrok

pyjama

pajamas

sari

sari

foulard

kopdoek

turban

tulband

burqa

burqa

caftan

kaftan

abaya

abaya

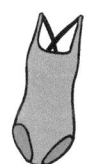

maillot de bain

swembroek

maillot de bain

swembroek

short

kortbroek

tenue d'entraînement

sweetpak

tablier

voorskoot

gants

handskoene

bouton

knoppie

lunettes

bril

bracelet

armband

collier

halssnoer

bague

ring

boucle d'oreille

oorbel

bonnet

pet

cintre

klerehanger

chapeau

hoed

cravate

das

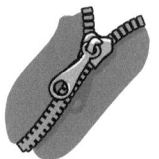

fermeture éclair

rits

casque

helmet

bretelles

draadjies

uniforme scolaire

skooluniform

uniforme

uniform

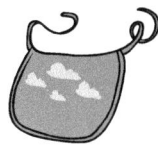

bavoir

bib

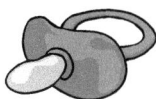

sucette

fopspeen

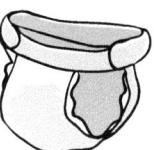

lange

doek

bureau

kantoor

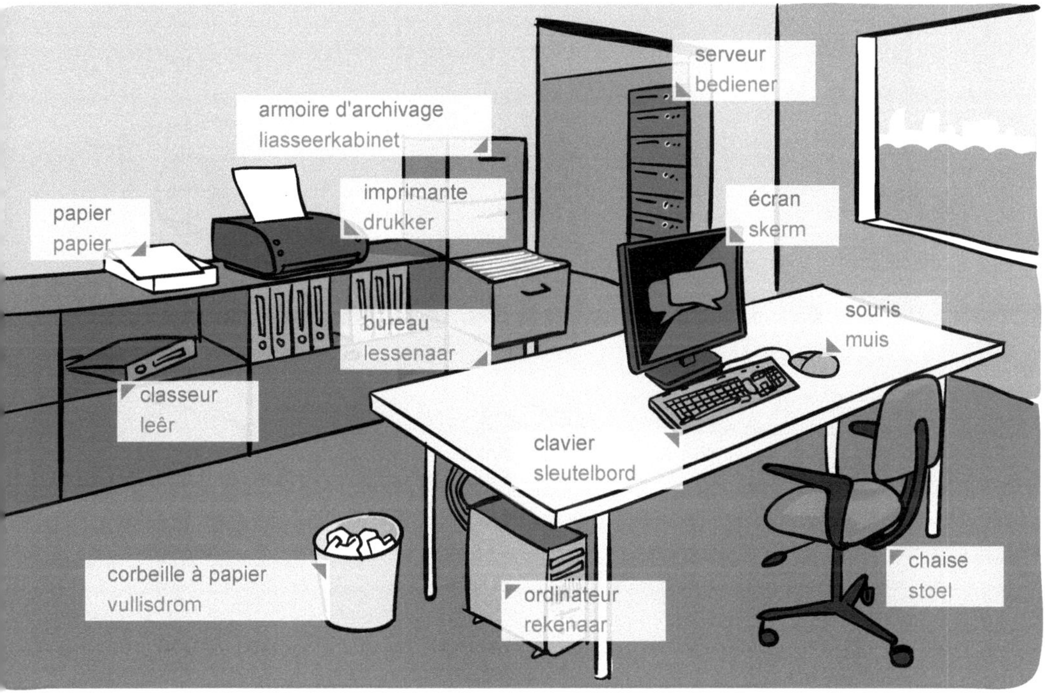

serveur
bediener
armoire d'archivage
liasseerkabinet
imprimante
drukker
écran
skerm
papier
papier
souris
muis
bureau
lessenaar
classeur
leêr
clavier
sleutelbord
chaise
stoel
corbeille à papier
vullisdrom
ordinateur
rekenaar

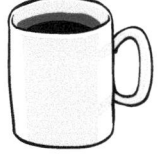

tasse de café

koffiebeker

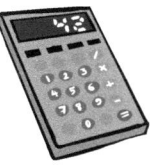

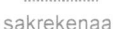

calculatrice

sakrekenaar

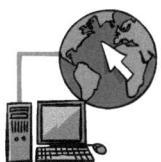

internet

internet

ordinateur portable

skootrekenaar

lettre

brief

message

boodskap

portable

selfoon

réseau

netwerk

photocopieuse

fotostaatmasjien

logiciel

sagteware

téléphone

telefoon

prise

muurprop

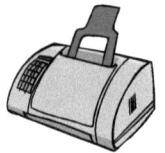

fax

faksmasjien

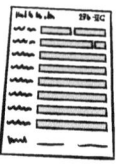

formulaire

vorm

document

dokument

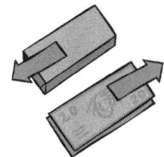

acheter

koop

payer

betaal

faire du commerce

besigheid doen

monnaie

geld

dollar

dollar

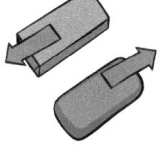

euro

euro

yen

yen

rouble

roebel

franc suisse

switserse frank

renminbi yuan

renminbi yuan

roupie

rupee

distributeur automatique

kontantteller (ATM)

bureau de change

bureau de change

or

goud

argent

silwer

pétrole

olie

énergie

energie

prix

prys

contrat

kontrak

taxe

belasting

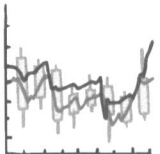

action

aandele

travailler

werk

employé

werknemer

employeur

werkgewer

usine

fabriek

magasin

winkel

professions
beroepe

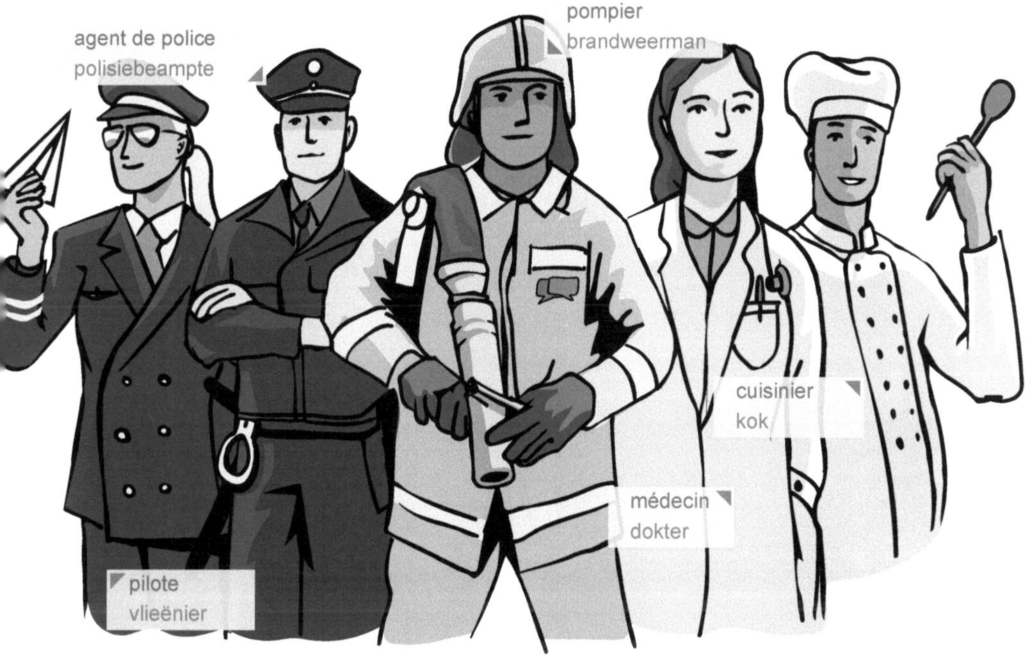

agent de police
polisiebeampte
pompier
brandweerman
cuisinier
kok
médecin
dokter
pilote
vlieënier

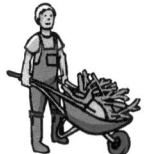

jardinier

tuinier

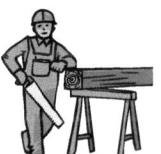

menuisier

timmerman

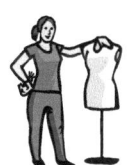

couturière

naaldwerkster

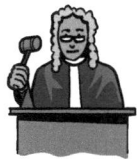

juge

regter

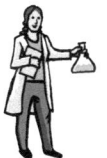

chimiste

chemikus

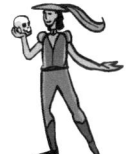

acteur

akteur

conducteur de bus

busbestuurder

chauffeur de taxi

taxibestuurder

pêcheur

visserman

femme de ménage

skoonmaakvrou

couvreur

dakwerker

serveur

kelner

chasseur

jagter

peintre

skilder

boulanger

bakker

électricien

elektrisiën

ouvrier

bouer

ingénieur

ingenieur

boucher

slagter

plombier

loodgieter

facteur

posman

soldat

soldaat

architecte

argitek

caissier

kassier

fleuriste

bloemiste

coiffeur

haarkapper

contrôleur

kondukteur

mécanicien

werktuigkundige

capitaine

kaptein

dentiste

tandarts

scientifique

wetenskaplike

rabbin

rabbi

imam

imam

moine

monnik

prêtre

predikant

outils
gereedskap

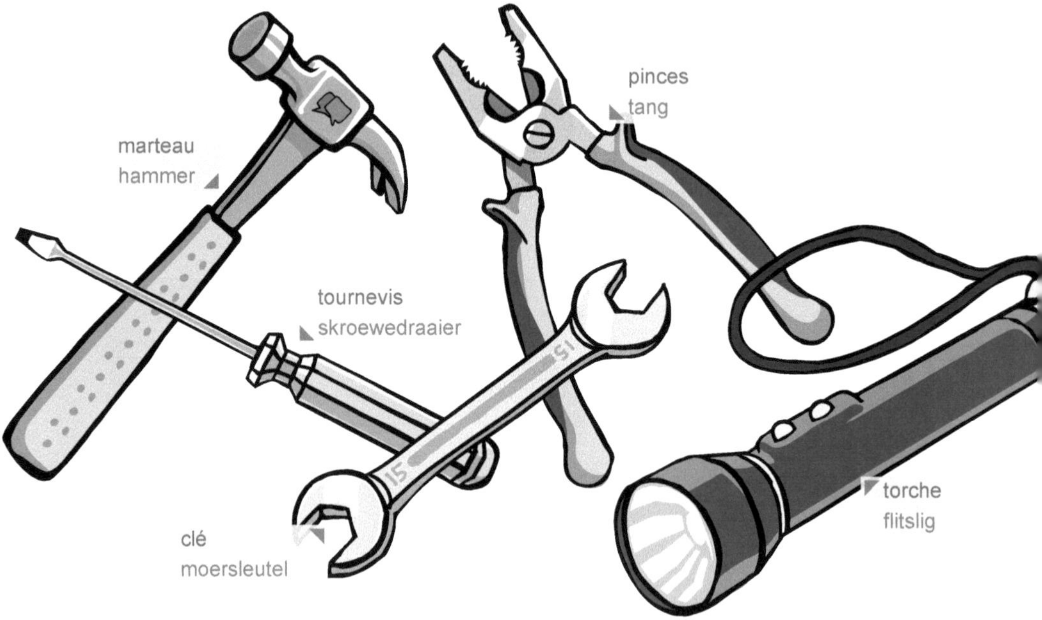

marteau
hammer

pinces
tang

tournevis
skroewedraaier

clé
moersleutel

torche
flitslig

pelleteuse
graaftoestel

boîte à outils
gereedskapskis

échelle
leer

scie
saag

clous
naels

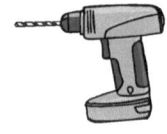
perceuse
boor

réparer

regmaak

pelle

graaf

Mince !

verdomp!

pelle

skoppie

pot de peinture

verfpot

vis

skroewe

instruments de musique
musiekinstrumente

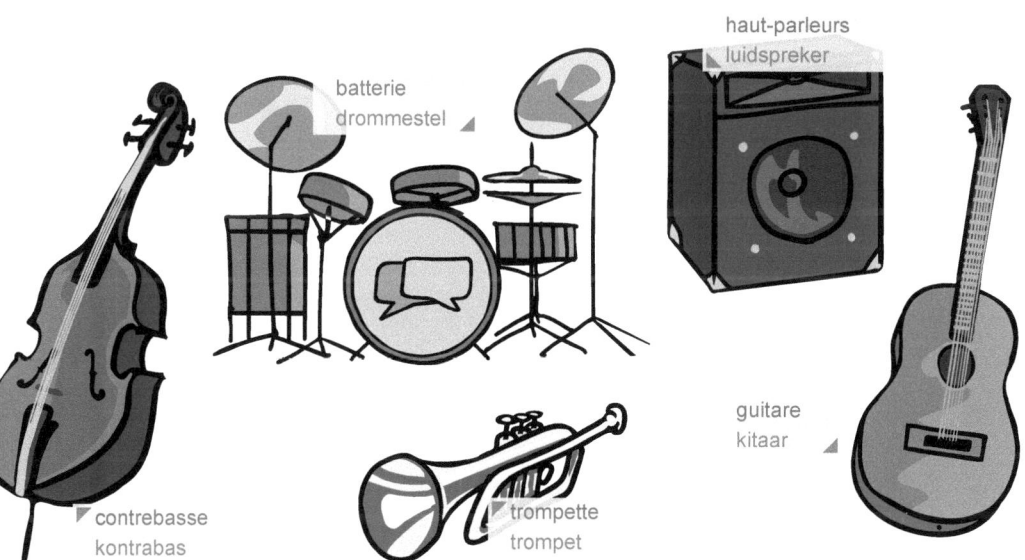

haut-parleurs
luidspreker

batterie
drommestel

contrebasse
kontrabas

guitare
kitaar

trompette
trompet

piano

klavier

violon

viool

basse

bas

timbales

keteltrom

tambour

dromme

piano électrique

sleutelbord

saxophone

saksofoon

flûte

fluit

microphone

mikrofoon

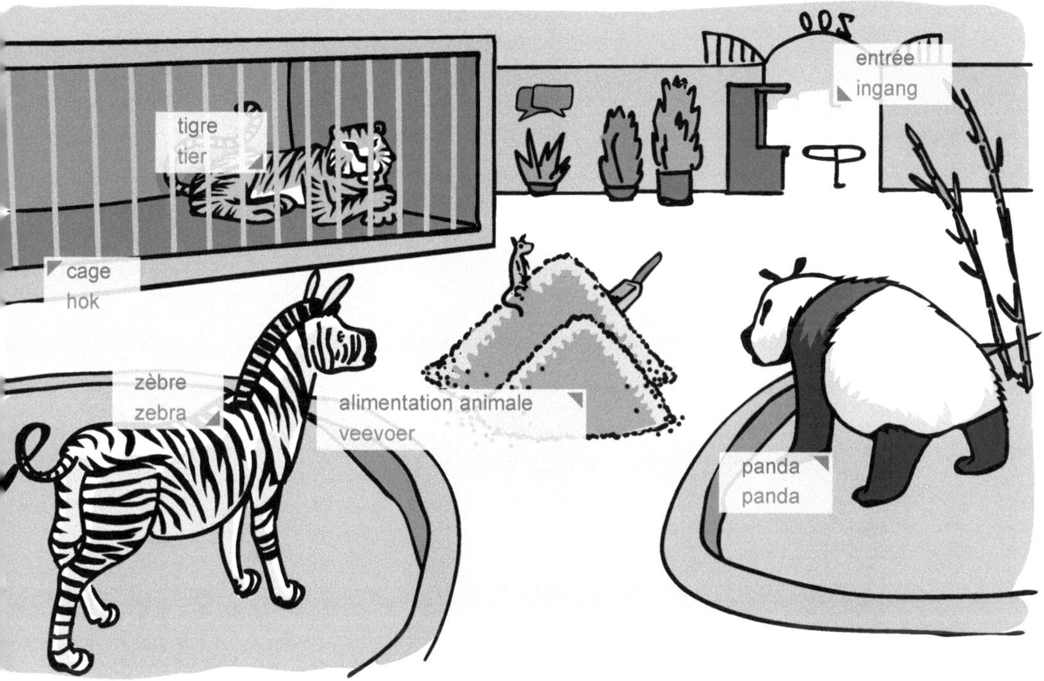

entrée
ingang

tigre
tier

cage
hok

zèbre
zebra

alimentation animale
veevoer

panda
panda

animaux
diere

éléphant
olifant

kangourou
kangaroo

rhinocéros
renoster

gorille
gorilla

ours
beer

chameau

kameel

autruche

volstruis

lion

leeu

singe

aap

flamand rose

flamink

perroquet

papegaai

ours polaire

ysbeer

pingouin

pikkewyn

requin

haai

paon

pou

serpent

slang

crocodile

krokodil

gardien de zoo

dieretuinopsigter

phoque

rob

jaguar

jaguar

poney

ponie

léopard

luiperd

hippopotame

seekoei

girafe

kameelperd

aigle

arend

sanglier

wildevark

poisson

vis

tortue

skilpad

morse

walrus

renard

jakkals

gazelle

gemsbok

american Football
Amerikaanse Voetbal

cyclisme
fietsry

tennis
tennis

basket-ball
basketbal

natation
swem

boxe
boks

hockey sur glace
ys-hokkie

football
sokker

badminton
pluimbal

athlétisme
atletiek

handball
handbal

ski
ski

polo
polo

activités
aktiwiteite

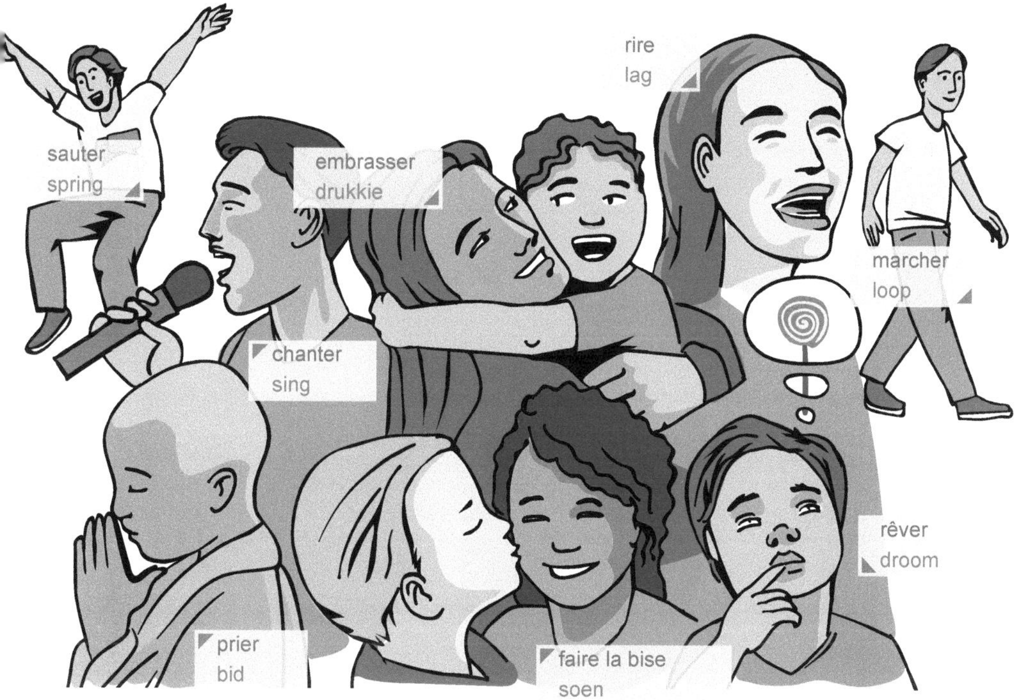
rire
lag
sauter
spring
embrasser
drukkie
marcher
loop
chanter
sing
rêver
droom
prier
bid
faire la bise
soen

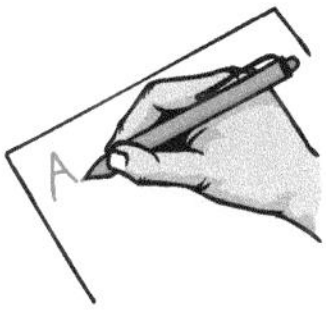

écrire

skryf

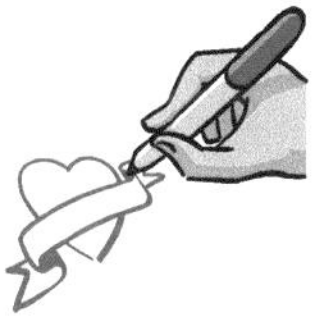

dessiner

teken

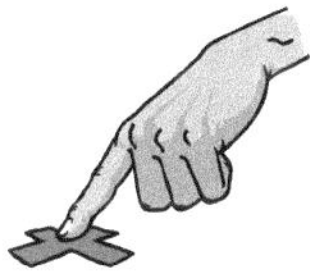

montrer

show

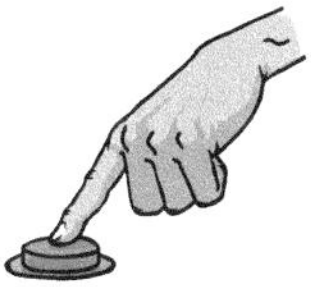

pousser

druk

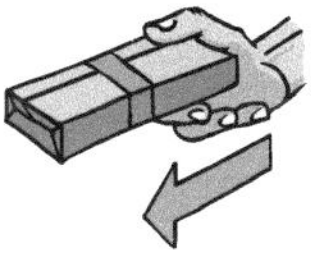

donner

gee

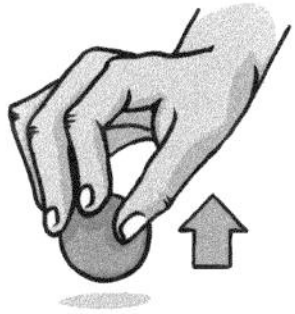

prendre

neem

avoir

het

faire

doen

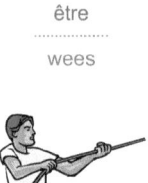

être

wees

être debout

staan

courir

hardloop

trier

trek

jeter

gooi

tomber

val

être couché

jok

attendre

wag

porter

dra

être assis

sit

s'habiller

aantrek

dormir

slaap

se réveiller

wakker word

regarder

kyk na

pleurer

huil

caresser

streel

peigner

kam

parler

praat

comprendre

verstaan

demander

vra

écouter

luister

boire

drink

manger

eet

ranger

opruim

aimer

liefhê

cuire

kook

conduire

ry

voler

vlieg

faire de la voile

seil

calculer

bereken

lire

lees

apprendre

leer

travailler

werk

se marier

trou

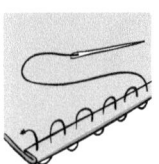

coudre

naai

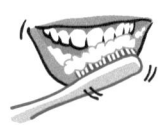

brosser les dents

tande borsel

tuer

doodmaak

fumer

rook

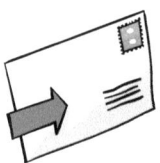

envoyer

stuur

activités - aktiwiteite

grand-mère
ouma

grand-père
oupa

père
pa

mère
ma

bébé
baba

fille
dogter

fils
seun

hôte

gas

tante

tannie

oncle

oom

frère

broer

sœur

suster

corps
liggaam

front
voorkop
œil
oog
épaule
skouer
doigt
vinger
visage
gesig
menton
ken
main
hand
jambe
been
poitrine
bors
bras
arm

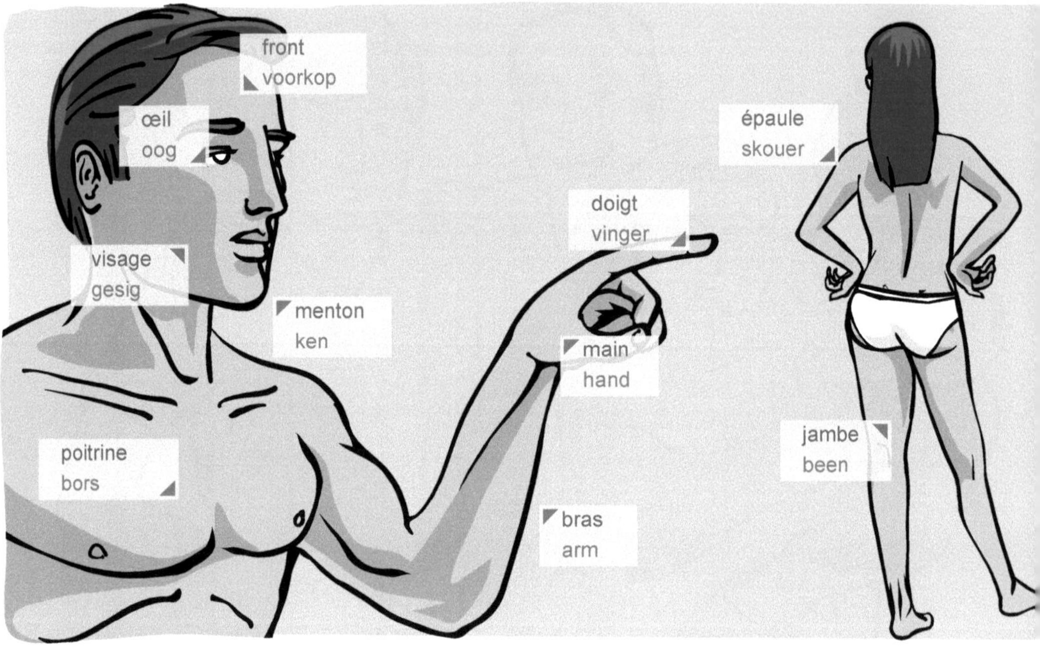

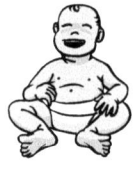

bébé
baba

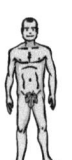

homme
man

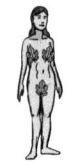

femme
vrou

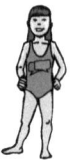

fille
meisie

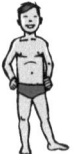

garçon
seun

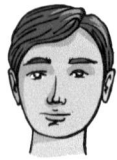

tête
kop

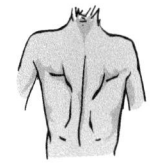

dos
....
rug

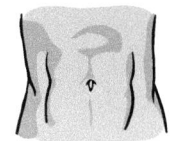

ventre
....
buik

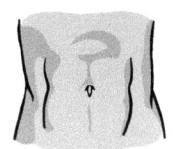

nombril
....
naelstring

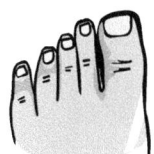

orteil
....
toon

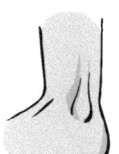

talon
....
hak

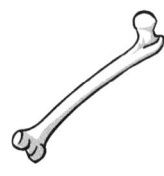

os
....
been

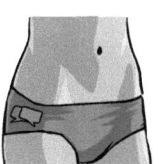

hanche
....
heup

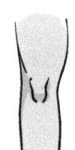

genou
....
knie

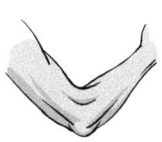

coude
....
elmboog

nez
....
neus

fesses
....
boude

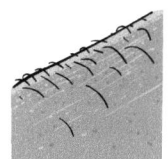

peau
....
vel

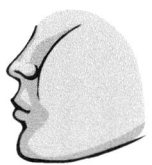

joue
....
wang

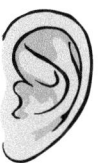

oreille
....
oor

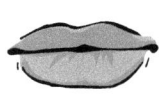

lèvre
....
lippe

bouche

mond

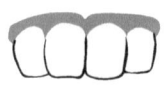

dent

tand

langue

tong

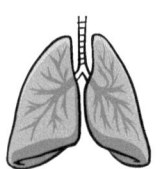

cerveau

brein

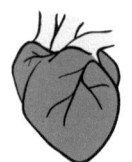

cœur

hart

muscle

spiere

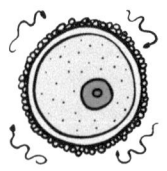

poumons

long

foie

lewer

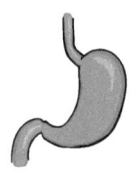

estomac

maag

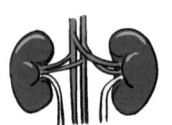

reins

niere

rapport sexuel

seks

préservatif

kondoom

ovule

eierstok

sperme

semen

grossesse

swangerskap

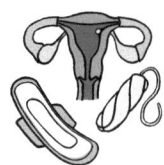

menstruation

menstruasie

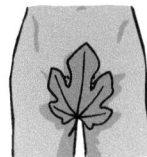

vagin

vagina

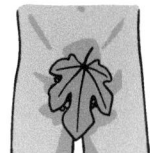

pénis

penis

sourcil

wenkbrou

cheveux

hare

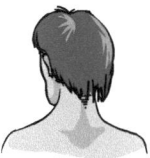

cou

nek

hôpital
hospitaal

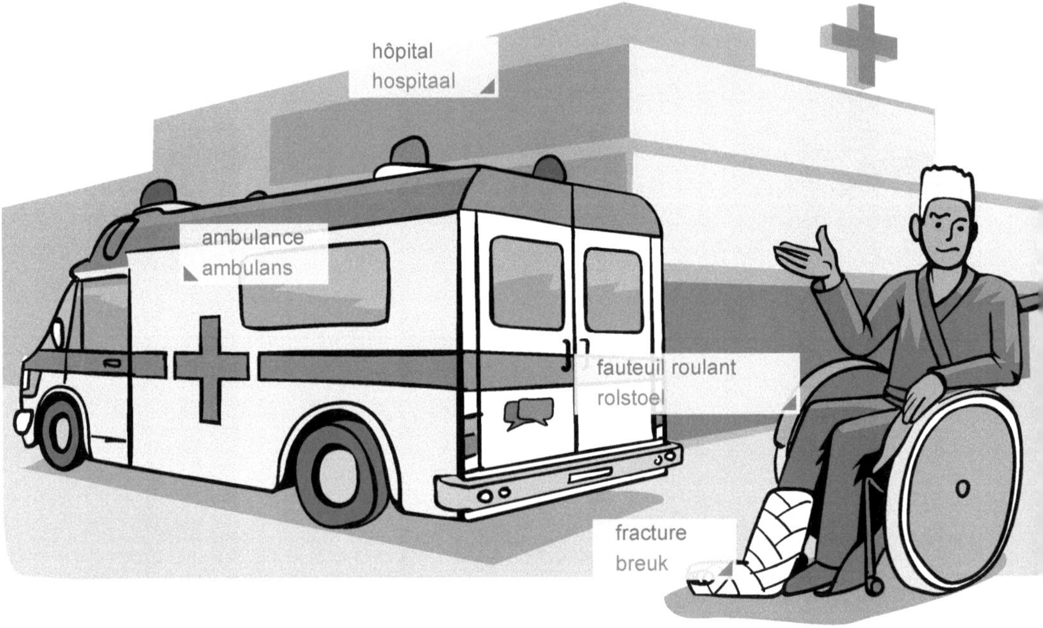

hôpital
hospitaal
ambulance
ambulans
fauteuil roulant
rolstoel
fracture
breuk

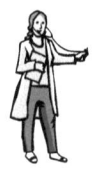

médecin

dokter

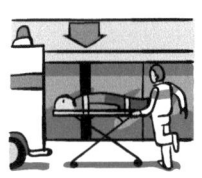

service des urgences

ongevalle

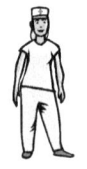

infirmière

verpleegster

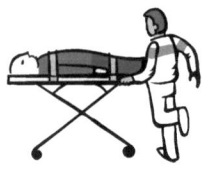

urgence

noodgeval

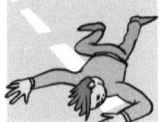

inconscient

bewusteloos

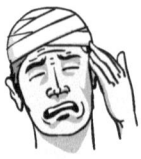

douleur

pyn

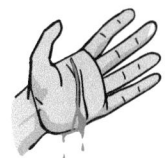

blessure

besering

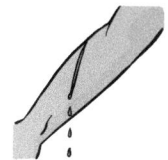

hémorragie

bloeding

crise cardiaque

hartaanval

attaque cérébrale

beroerte

allergie

allergie

toux

hoes

fièvre

koors

grippe

griep

diarrhée

diarree

mal de tête

hoofpyn

cancer

kanker

diabète

diabetes

chirurgien

chirurg

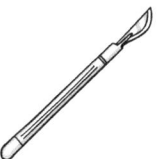

scalpel

skalpel

opération

operasie

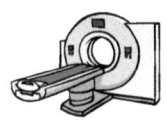

CT

CT

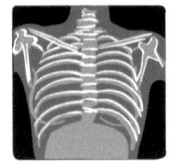

radiographie

X-straal

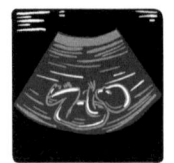

échographie

ultraklank

masque

gesigmasker

maladie

siekte

salle d'attente

wagkamer

béquille

kruk

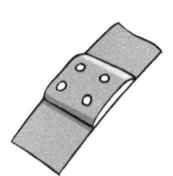

pansement

gips

pansement

verband

injection

inspuiting

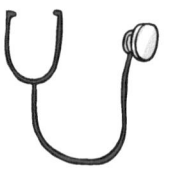

stéthoscope

stetoskoop

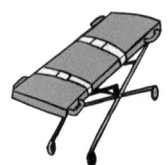

brancard

draagbaar

thermomètre

kliniese termometer

accouchement

geboorte

surcharge pondérale

oorgewig

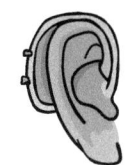

appareil auditif

gehoorapparaat

désinfectant

ontsmettingsmiddel

infection

infeksie

virus

virus

VIH / sida

MIV / vigs

médicament

medisyne

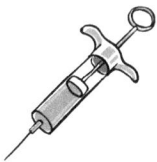

vaccination

inenting

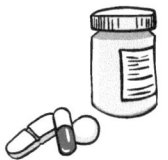

comprimés

tablette

pilule

pil

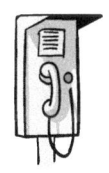

appel d'urgence

noodoproep

tensiomètre

blooddrukmonitor

malade / sain

siek / gesond

Au secours !

Help!

assaut

aanranding

alarme

alarm

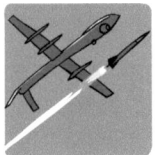

attaque

aanval

danger

gevaar

sortie de secours

nooduitgang

Au feu!

Brand!

extincteur

brandblusser

accident

ongeluk

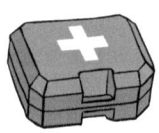

trousse de premier secours

noodhulpkissie

SOS

SOS

police

polisie

Europe

Europa

Amérique du Nord

Noord-Amerika

Amérique du Sud

Suid-Amerika

Afrique

Afrika

Asie

Asië

Australie

Australië

Océan atlantique

Atlantiese Oseaan

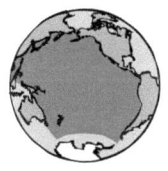

Océan pacifique

Stille Oseaan

Océan indien

Indiese Oseaan

Océan antarctique

Antarktiese Oseaan

Océan arctique

Arktiese Oseaan

pôle nord

Noordpool

pôle sud

Suidpool

Antarctique

Antarktika

terre

aarde

pays

land

mer

see

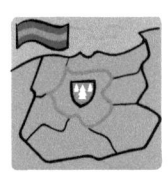

île

eiland

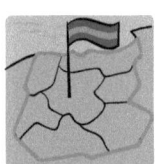

nation

nasie

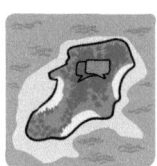

état

staat

cadran

horlosie

aiguille des heures

uur-aanwyser

aiguille des minutes

minuut-aanwyser

aiguille des secondes

sekonde-aanwyser

Quelle heure est-il ?

Hoe laat is dit?

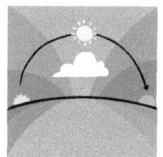

jour

dag

temps

tyd

maintenant

nou

montre digitale

digitale horlosie

minute

minuut

heure

uur

semaine

week

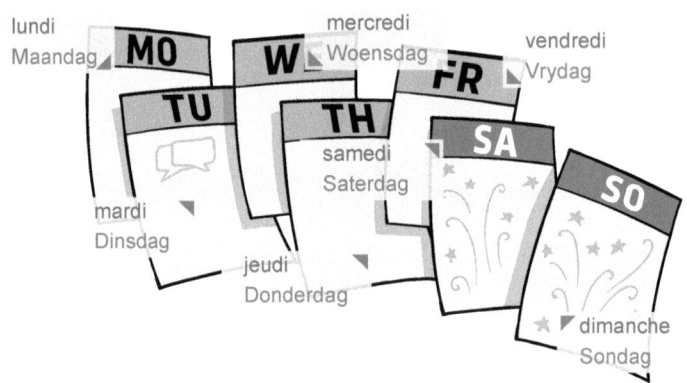

lundi
Maandag

mardi
Dinsdag

mercredi
Woensdag

jeudi
Donderdag

vendredi
Vrydag

samedi
Saterdag

dimanche
Sondag

hier

gister

aujourd'hui

vandag

demain

môre

matin

oggend

midi

middag

soir

aand

MO	TU	WE	TH	FR	SA	SU
1	2	3	4	5	6	7
8	9	10	11	12	13	14
15	16	17	18	19	20	21
22	23	24	25	26	27	28
29	30	31	1	2	3	4

jours ouvrables

werksdae

MO	TU	WE	TH	FR	SA	SU
1	2	3	4	5	6	7
8	9	10	11	12	13	14
15	16	17	18	19	20	21
22	23	24	25	26	27	28
29	30	31	1	2	3	4

week-end

naweek

année

jaar

pluie
reën
arc-en-ciel
reënboog
vent
wind
neige
sneeu
printemps
lente
automne
Herfs
été
somer
hiver
winter

4.APRIL 11°
5.APRIL 4°
6.APRIL 13°
7.APRIL 8°
8.APRIL 10°

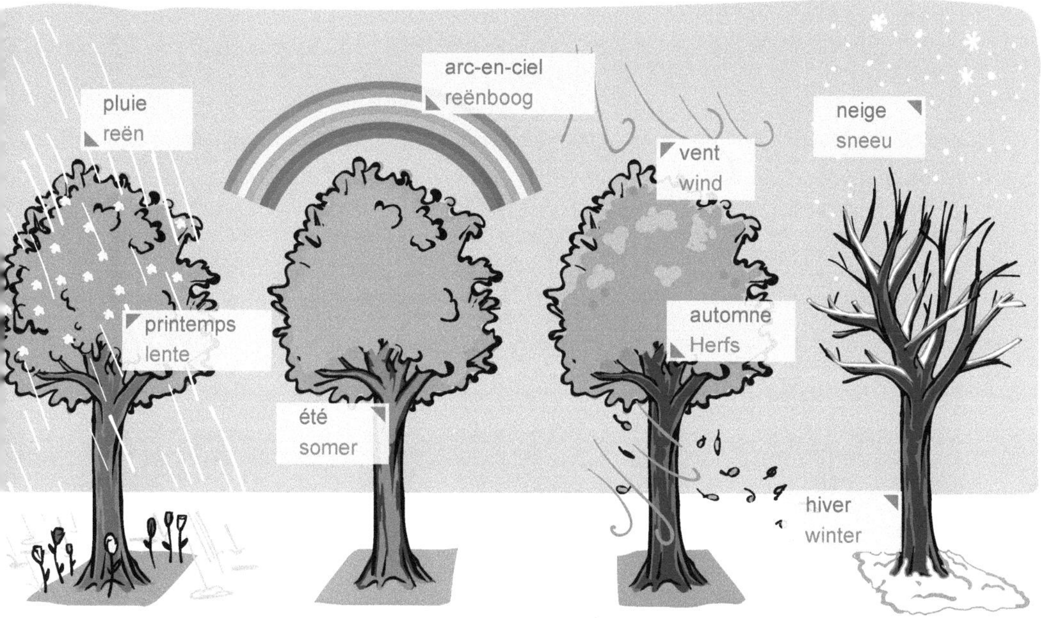

météo

weervoorspelling

F
C
120
90
60
30
0
-30
40
30
20
10
0
-10
-20

thermomètre

termometer

lumière du soleil

sonskyn

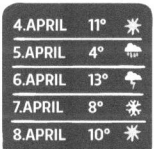

nuage

wolk

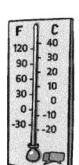

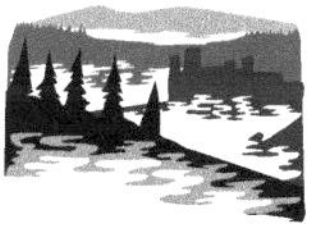

brouillard

mis

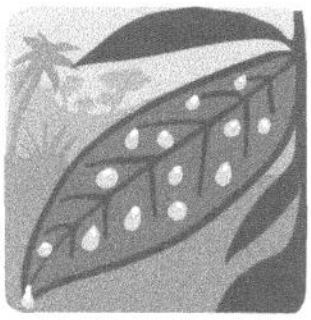

humidité

humiditeit

foudre
weerlig

tonnerre
donderweer

tempête
storm

grêle
hael

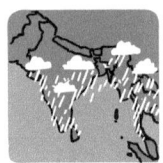

mousson
reënseisoen

inondation
vloed

glace
ys

janvier
Januarie

février
Februarie

mars
Maart

avril
April

mai
Mei

juin
Junie

juillet
Julie

août
Augustus

année - jaar

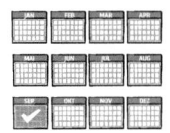

septembre

September

octobre

Oktober

novembre

November

décembre

Desember

formes
vorms

cercle

sirkel

carré

vierkant

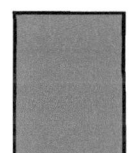

rectangle

reghoek

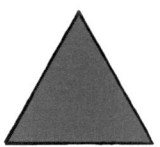

triangle

driehoek

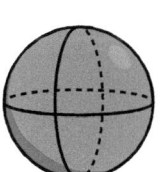

sphère

gebied

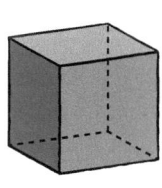

cube

kubus

blanc

wit

jaune

geel

orange

oranje

rose

pink

rouge

rooi

violet

pers

bleu

blou

vert

groen

marron

bruin

gris

grys

noir

swart

beaucoup / peu

'n baie / 'n bietjie

fâché / calme

kwaad / kalm

joli / laid

pragtig / lelik

début / fin

begin / einde

grand / petit

groot / klein

clair / obscure

helder / donker

frère / soeur

broer / suster

propre / sale

skoon / vuil

complet / incomplet

volledige / onvolledige

jour / nuit

dag / nag

mort / vivant

dood / lewendig

large / étroit

wyd / smal

comestible / incomestible

eetbare / oneetbaar

méchant / gentil

kwaad / vriendelik

excité / ennuyé

opgewonde / verveeld

gros / mince

vet / maer

premier / dernier

eerste / laaste

ami / ennemi

vriend / vyand

plein / vide

vol / leeg

dur / souple

hard / sag

lourd / léger

swaar / lig

faim / soif

honger / dors

malade / sain

siek / gesond

illégal / légal

onwettige / wettige

intelligent / stupide

slim / dom

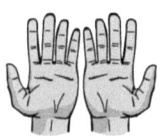

gauche / droite

links / regs

proche / loin

naby / vêr

nouveau / usé

nuut / tweedehands

rien / quelque chose

niks / iets

vieux / jeune

oud / jonk

marche / arrêt

aan / af

ouvert / fermé

oop / toe

faible / fort

stil / lawaaierig

riche / pauvre

ryk / arm

correct / incorrect

reg / verkeerd

rugueux / lisse

grof / glad

triste / heureux

hartseer / gelukkig

court / long

kort / lank

lent / rapide

stadig / vinnig

mouillé / sec

nat / droog

chaud / froid

warm / koel

guerre / paix

oorlog / vrede

0

zéro

nul

1

un / une

een

2

deux

twee

3

trois

drie

4

quatre

vier

5

cinq

vyf

6

six

ses

7

sept

sewe

8

huit

agt

9

neuf

nege

10

dix

tien

11

onze

elf

12

douze

twaalf

13

treize

dertien

14

quatorze

veertien

15

quinze

vyftien

16

seize

sestien

17

dix-sept

sewentien

18

dix-huit

agtien

19

dix-neuf

negentien

20

vingt

twintig

100

cent

honderd

1.000

mille

duisend

1.000.000

million

miljoen

anglais

Engels

anglais américain

Amerikaanse Engels

chinois mandarin

Mandaryns

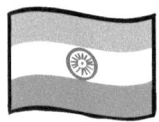

hindi

Hindi

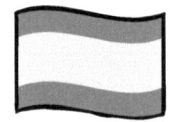

espagnol

Spaans

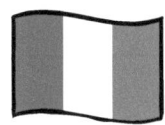

français

Frans

arabe

Arabies

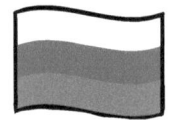

russe

Russies

portugais

Portugees

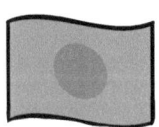

bengali

Bengaals

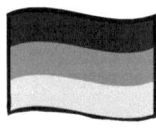

allemand

Duits

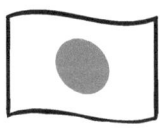

japonais

Japanees

je
Ek

tu
jy

il / elle / ce, c', cela
hy / sy / dit

nous
ons

vous
julle

ils / elles
hulle

Qui ?
wie?

Quoi ?
wat?

Comment ?
hoe?

Où ?
waar?

Quand ?
wanneer?

nom
naam

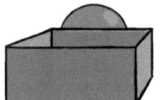

derrière

agter

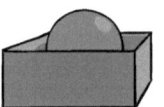

dans

in

devant

voor

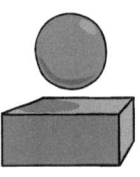

au-dessus

oor

sur

bo-op

en-dessous

onder

à côté de

langs

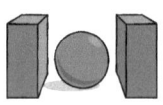

entre

tussen

lieu

plek